L.estrées.

Maucomble.

P. 1842.

L27n

LE BIOGRAPHE UNIVERSEL.

PUBLICATIONS

de la Revue générale Biographique, Politique et Littéraire.

GALERIE MILITAIRE.

VI.

MAUCOMBLE (le Général).

PARIS.

Bureau Central de la Revue générale Biographique, Politique et Littéraire.

Rue Louis-le-Grand, 9.

1842.

GALERIE MILITAIRE.

SOUS PRESSE :

GROUCHY (Maréchal Marquis de). — SÉBASTIANI (Maréchal). — DESPANS DE CUBIÈRES (le Général). — MONCEY (Maréchal). — OUDINOT (Maréchal duc de Reggio). — EXCELMANS (Général Comte). — GALBOIS (Général). — DOGUEREAU (Général Baron). — MAUCOMBLE (Général). — Etc., etc.

MAUCOMBLE (LE GÉNÉRAL VICOMTE DE),

Egards et justice pour tous.

IMPRIMERIE DE Mᵐᴱ DE LACOMBE,
rue d'Enghien, 12.

MAUCOMBLE (LE GÉNÉRAL VICOMTE DE).

Jean-François-Nicolas-Joseph, vicomte de MAUCOMBLE, est né le 3 juillet 1776, à Charleville (département des Ardennes). De bonne heure, il se fit remarquer par une vocation décidée pour le métier des armes. Par suite des examens qu'il subit à Paris, il fut admis à l'école du génie de Metz, dont il sortit en mars 1795, pour être employé, en qualité de lieutenant du génie, aux réparations des places d'Ypres et de Menin, lesquelles avaient considérablement souffert pendant les siéges qu'elles venaient de supporter. Nommé capitaine du génie, il reçut d'abord la destination de Mézières, mais bientôt un ordre du ministre de la guerre l'appela à l'armée des Alpes.

Attaché à la division Richepanse, il ne tarda point à attirer sur lui l'attention de son général, qui le prit en amitié et voulut même en faire son aide-de-camp; mais Maucomble qui, pour se rendre à ce vœu, aurait été obligé d'abandonner le génie pour entrer dans la cavalerie, refusa constamment d'accepter cette faveur.

Après l'affaire de Fossano, la division Richepanse ayant reçu l'ordre de défendre le Col de
Tende, Maucomble fut chargé d'explorer les
gorges qui aboutissent à cette importante position.
Souvent, pour accomplir cette mission, il dut s'é-
carter à de grandes distances des avant-postes
français.

Un jour, qu'il revenait d'une de ses excur-
sions, satisfait d'avoir enrichi son portefeuille de
quelques nouveaux plans, il fut rencontré par
le colonel Terrasson, commandant du génie, qui
voulut vérifier l'exactitude de la besogne faite
par le jeune officier. Terrasson était accompa-
gné de deux autres officiers du génie. La petite
troupe, composée de cinq personnes, se mit
donc en route; Maucomble la guidait au milieu
des sinuosités de la montagne. Elle venait d'at-
teindre le sommet d'un petit plateau domi-
nant les régions avoisinantes, lorsque tout à
coup surgissent, des profondeurs de la vallée,
une soixantaine de *barbets* (troupes piémontaises)
qui, en un clin-d'œil, entourent la base du plateau et couchent en joue nos cinq explorateurs,
en leur criant de se rendre. L'apparition était
fâcheuse, la situation désespérée. Cependant,
malgré la terrible pantomime que jouaient en
ce moment les soixante canons de fusils piémon-
tais, nos cinq braves n'hésitent pas un instant.
Ils se rassemblent, prennent leur élan et descen-
dent au pas de course le versant du plateau. —

Ils veulent faire une trouée dans les rangs de leurs
adversaires. Ceux-ci leur lâchent une décharge
presqu'à bout pourtant.—Deux hommes tombent.
—Les trois autres fondent sur les Barbets.—Une
mêlée s'engage.—Le colonel Terrasson est blessé
et mis hors de combat.—Les Barbets se reculent
un instant, afin de recharger leurs armes.—Pro-
fitant de ce moment de répit, Maucomble et son
compagnon (le capitaine Tournadre), demeurés
seuls valides, peuvent, protégés par les accidens
du terrain, se dérober au danger qui les me-
nace. Un premier mouvement les y entraîne même ; mais aussitôt ils songent à leur colonel gi-
sant sur le carreau, et ils savent que les Barbets
ne font point de quartier. Les voilà donc qui, si-
multanément, reviennent sur leurs pas et char-
gent le blessé sur leurs épaules. Les Barbets,
émerveillés de ce trait de dévouement, ouvrirent
leurs rangs, afin de laisser passer ces hommes
courageux.

Quelque temps après, la division Richepanse
passa à l'armée du Rhin que commandait Mo-
reau. Le général Richepanse ayant obtenu du
ministre de la guerre que Maucomble l'y suivît,
celui-ci assista à la bataille d'Hohenlinden, ainsi
qu'à toutes les autres affaires importantes de la
campagne. Il fut ensuite envoyé à Mézières, en
qualité de chef du génie (1799-1800).

A cette époque, des événemens d'une assez
grande importance pour la république française,

*

s'accomplissaient outre-mer. Le fâcheux décret de l'émancipation des Nègres, promulgué si prématurément aux Antilles, y avait porté une désastreuse perturbation. Les événemens de Saint-Domingue et leurs tristes résultats, sont assez connus. A la Guadeloupe, les mêmes faits s'étaient accomplis. Le premier consul, voulant porter au mal des remèdes efficaces, en même temps qu'il renforçait l'armée d'occupation de Saint-Domingue, envoya à la Guadeloupe le général Richepanse avec un corps de trois mille cinq cents hommes, afin d'y rétablir l'ordre.

Richepanse, comprenant toute la difficulté de la mission qui lui était confiée, songea, avant de partir, à s'adjoindre quelques officiers d'intelligence et de courage, pour le seconder efficacement. A force d'instances, il décida Maucomble à abandonner Mézières pour la Guadeloupe et à échanger son emploi de chef du génie contre le titre d'aide-de-camp d'un général de cavalerie.

Cette mission du général Richepanse à la Guadeloupe, se montra cependant, au premier abord, moins épineuse qu'il n'avait prévu. A la nouvelle de son arrivée à la Pointe-à-Pitre, le mulâtre Pélage vint se soumettre à lui avec quelques-uns des principaux chefs de l'insurrection. Malheureusement l'exemple donné par Pélage ne fut point suivi. La plus grande partie des Nègres se retirèrent en armes dans cette partie de l'île que l'on nomme la Basse-Terre, et ils s'y préparèrent à une vigoureuse résistance.—Une lutte désespérée s'engagea bientôt. Comme à Saint-Domingue, les Nègres combattirent avec un admirable courage, mais non avec le même succès. La valeur mieux disciplinée de nos soldats finit par triompher de leur résistance. Les révoltés subirent des défaites successives. — Enfin, trois cents d'entre les plus opiniâtres, assiégés dans l'habitation d'Anglemont, s'y étant fait sauter en l'air plutôt que de se rendre ; la rébellion fut complètement étouffée.

Pendant la durée de cette lutte, le général Richepanse avait fait environ deux mille prisonniers. C'étaient là, pour lui, des hôtes fort dangereux, et dont il se trouvait singulièrement embarrassé. Après mure réflexion, il se décida à les embarquer sur quelques uns des bâtimens de l'escadre, alors en rade à la Basse-Terre, et à les envoyer aux mines de Potosi. Maucomble fut désigné pour accompagner ce convoi, comme délégué du capitaine-général.

Après avoir été long-temps retenue, par des vents contraires, dans le golfe du Mexique, la petite escadre aborda à Carthagène, lieu de sa destination. — Mais là, le gouverneur espagnol ayant reçu communication du but de cette visite, refusa absolument de se charger des Nègres prisonniers. En outre, ce ne fut qu'à grand'peine que l'on put obtenir de lui quelques vivres pour ravitailler la flottille et lui permettre de se rendre aux États-Unis.

Lorsque l'escadre fut arrivée à New-York et que Maucomble eut fait connaître le but de son voyage, les autorités, faisant exécuter les nouvelles lois sur la traite, exigèrent de lui la promesse de ne point débarquer un seul nègre sur le sol de l'Union. A cette condition, le ravitaillement des navires fut autorisé.

Mais, d'un autre côté, de riches propriétaires de la Caroline et de la Géorgie ayant eu vent de la magnifique occasion qui se présentait à eux de repeupler à peu de frais les cases à nègres de leurs plantations, firent, de toutes parts, circonvenir le délégué du gouverneur de la Guadeloupe, l'engageant, par l'appât de sommes considérables, à leur livrer sa cargaison. Quelques-uns allèrent jusqu'à lui promettre mille gourdes par tête d'esclave qu'il leur livrerait. Maucomble, fidèle à sa parole donnée, ferma l'oreille à ces propositions, et, aussitôt que le ravitaillement des navires fut achevé, sur l'avis du consul général de France aux Etats-Unis, les prisonniers furent dirigés sur Brest. Là, ces deux mille Nègres furent enrégimentés, puis envoyés à l'Ile-de-France.

Le premier consul ayant été informé de la conduite ferme et désintéressée de Maucomble, lui en exprima publiquement sa satisfaction.

De retour à la Guadeloupe, Maucomble apprit la mort du brave général Richepanse, qui, après avoir pacifié la colonie, venait de succomber à

la pernicieuse influence du climat des Antilles.
Il repassa alors en France, et, désirant faire
partie de l'expédition d'Angleterre, il demanda et
obtint d'être attaché, à titre d'aide-de-camp, au
général Walther, commandant la division de cavalerie au camp d'Ostende.

Le 18 décembre 1802, il avait été nommé chef
d'escadron. Il fit avec ce grade la campagne
d'Allemagne, pendant laquelle il se distingua
d'une manière remarquable.

A l'affaire d'Amstetten, en 1806, il fut blessé
d'un coup de sabre au poignet et eut son cheval
tué sous lui.

A la bataille d'Eylau, en 1807, son cheval
ayant été abattu par un éclat d'obus, il se trouva
subitement enveloppé par un gros de cavalerie
russe, et reçut à la tête et au visage de nombreux
coups de sabre, dont le vétéran a conservé les
glorieuses cicatrices.

En récompense de ses bons services, deux ans
plus tard, il fut promu au grade de colonel, et,
en 1810, chargé du commandement du vingt-
neuvième régiment de chasseurs à cheval, qui
était alors en Catalogne.

Le maréchal Macdonald adressa, à diverses
reprises, au colonel Maucomble, des témoignages
flatteurs de satisfaction sur la bonne tenue et la
belle conduite de son régiment.

Nommé en 1813 général de brigade, Maucomble fit partie du corps d'armée du duc de Dalmatie.

Le succès ayant, dans cette fatale année, presque partout manqué aux armes françaises, les divers corps d'armée qui occupaient encore le territoire espagnol, reçurent l'ordre de l'évacuer, et le maréchal Soult se vit obligé de se retirer devant Wellington, qui se préparait à envahir le sol français à la tête d'une armée anglo-espagnole. — Le maréchal, comme on sait, se couvrit de gloire pendant cette retraite, et, dans les sanglans combats de la Nive et de Saint-Pierre-d'Irube, il fit payer cher, leurs progrès, aux armées combinées.

Le général Maucomble se comporta vaillamment, selon sa coutume, dans toutes ces affaires. A Saint-Pierre-d'Irube, il fut assez grièvement blessé.

Le duc de Dalmatie, toujours suivi à distance par l'armée anglaise, se replia sur Bayonne, qu'il avait fait mettre depuis peu en bon état de défense. Il confia le commandement de cette place au baron Thouvenot, auquel il adjoignit les généraux Abbé et Maucomble; puis il continua son mouvement de retraite vers l'intérieur.

Bientôt les alliés parurent en vue de Bayonne. Le duc de Wellington, pressé de rejoindre l'armée française, passa outre, laissant devant cette place un corps de troupes assez considérable, sous les ordres du général Hope, pour en former le blocus.

Le général Maucomble, malgré sa blessure récente, avait été investi du commandement de la citadelle et de tous les ouvrages avancés sur la rive droite de l'Adour. Or, ce fut de ce côté que, pendant toute la durée du blocus (de janvier à avril 1814), se portèrent tous les efforts de l'ennemi. Les habiles dispositions du commandant rendirent vaines ses attaques. A son tour, prenant l'offensive, il fit de fréquentes sorties dont les Anglais eurent beaucoup à souffrir. Ce fut, entre autres, dans une de ces sorties qu'il eut la gloire de faire prisonnier le général Hope, commandant de l'armée assiégeante.

Aussi le nom de Maucomble se trouve-t-il, par suite de ces faits, cité avec éloges dans les divers ordres du jour du baron Thouvenot, gouverneur de Bayonne, et particulièrement dans celui du 15 avril 1814.

La nouvelle de l'abdication de l'empereur ayant été officiellement notifiée à l'armée du Midi, ainsi que celle du retour de Louis XVIII, Bayonne se soumit au nouveau gouvernement, et Maucomble fut mis en disponibilité.

Comme tous ses frères d'armes, il salua le retour de l'exilé de l'île d'Elbe. Il fit, à cette époque (1815), partie de l'armée de réserve chargée de veiller à la sûreté de Paris.

Lors du second retour des Bourbons, Maucomble fut de nouveau mis en disponibilité, mais le maréchal Gouvion-Saint-Cyr, alors ministre de la guerre, qui l'estimait beaucoup, lui fit donner

le commandement du département des Basses-
Alpes, duquel Maucomble passa plus tard à celui
de la Manche et du Calvados, qu'il conserva plusieurs années.

Cependant ce commandement, nécessairement
inactif, dans un état de paix profonde, n'allait
point à ses vieilles mœurs de soldat de l'empire :
il demanda sa mise en disponibilité.

Survinrent les événemens de 1830.—Le général Gérard, devenu ministre de la guerre, le
renvoya dans le département de la Manche, où
l'on avait conservé les meilleurs souvenirs de
son commandement.

C'est à cette époque aussi qu'il fut nommé
grand-officier de la Légion-d'Honneur. Il était
déjà chevalier de la Couronne de Fer, de Saint-
Louis et de l'ordre militaire de Wurtemberg.

Plusieurs années s'écoulèrent. La paix sem-
blait, de jour en jour, prendre dans notre sol des
racines plus profondes. Le vieux général, souf-
frant d'ailleurs de ses nombreuses blessures,
se résolut à prendre définitivement sa retraite.

C'est dans le courant de l'année 1838 qu'il
accomplit cette détermination.

Depuis cette époque, il se repose de ses longs
et honorables travaux, défrayant ses loisirs de
vieillard de la solution des problèmes qui jadis
captivaient l'attention du jeune officier du génie.

H. DE LESTRÉES.